Erstes Bildwörterbuch Tiere

Schwein

Kaninchen

Schmetterling

Fuchs

Illustriert von Anna Ivanir

www.kidkiddos.com
Copyright ©2025 by KidKiddos Books Ltd.
support@kidkiddos.com

All rights reserved. No part of this book may be reproduced in any form or by any electronic or mechanical means, including information storage and retrieval systems, without written permission from the publisher, except in the case of a reviewer, who may quote brief passages embodied in critical articles or in a review.
First edition, 2025

Library and Archives Canada Cataloguing in Publication
First Picture Dictionary - Animals (German edition)
ISBN: 978-1-83416-306-2 paperback
ISBN: 978-1-83416-307-9 hardcover
ISBN: 978-1-83416-305-5 eBook

Wilde Tiere

Nilpferd

Panda

Fuchs

Hirsch

Nashorn

Elch

Wolf

✦ *Ein Elch ist ein großartiger Schwimmer und kann unter Wasser tauchen, um Pflanzen zu fressen!*

Eichhörnchen

Koala

✦ *Ein Eichhörnchen versteckt Nüsse für den Winter, vergisst aber manchmal, wo es sie versteckt hat!*

Gorilla

Haustiere

Kanarienvogel

Meerschweinchen

◆ *Ein Frosch kann sowohl durch die Haut als auch durch die Lunge atmen!*

Frosch

Hamster

Goldfisch

Hund

✦Einige Papageien können Wörter nachsprechen und sogar wie ein Mensch lachen!

Katze

Papagei

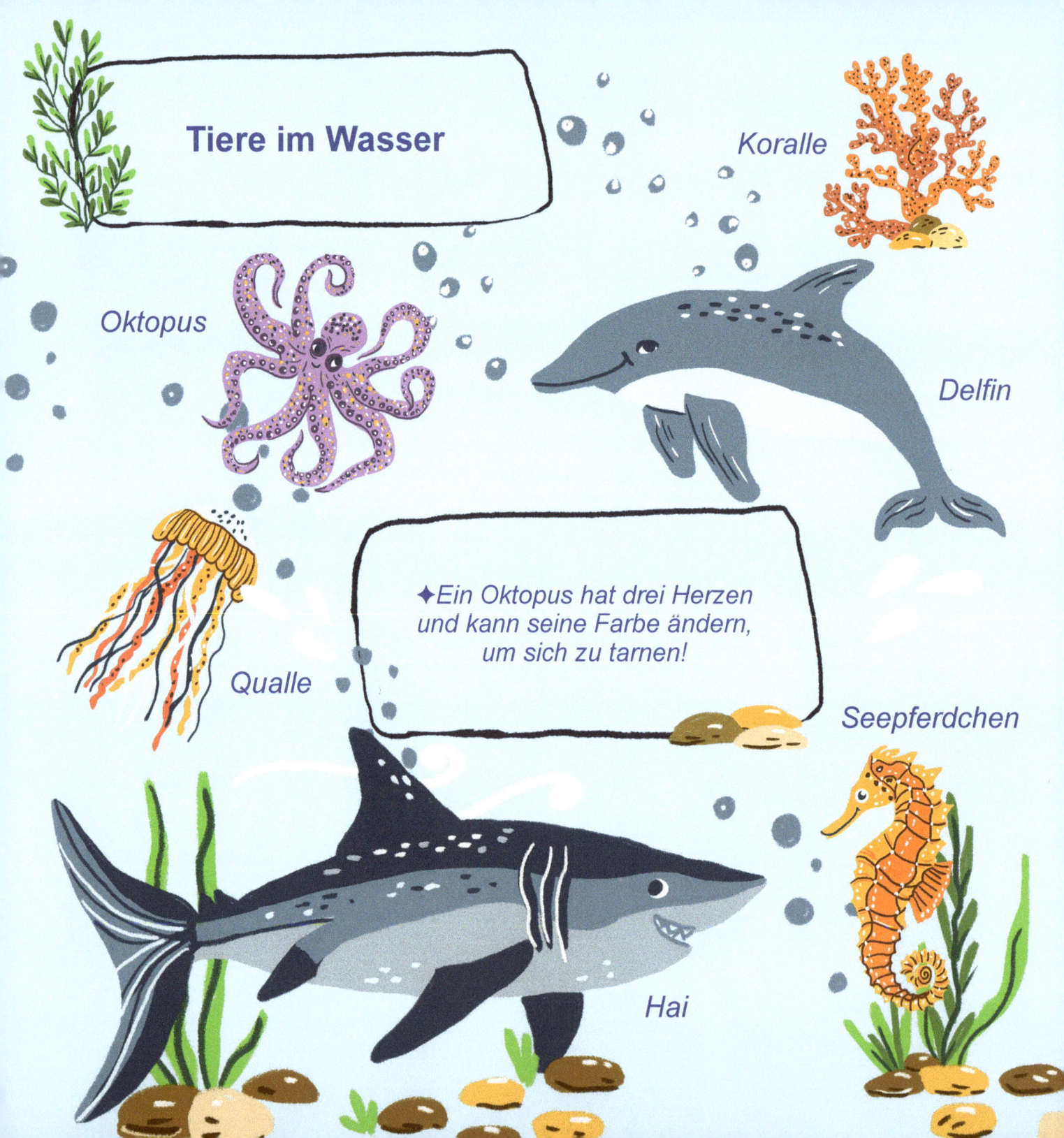

Eule

Fledermaus

◆ Eine Eule jagt nachts und benutzt ihr Gehör, um Nahrung zu finden!

◆ Ein Glühwürmchen leuchtet nachts, um andere Glühwürmchen zu finden.

Waschbär

Vogelspinne

Bunte Tiere

Ein Flamingo ist rosa

Eine Eule ist braun

Ein Schwan ist weiß

Ein Oktopus ist lila

Ein Frosch ist grün

✦ Ein Frosch ist grün, damit er sich zwischen den Blättern verstecken kann.

Schmetterling und Raupe

Schaf und Lamm

Pferd und Fohlen

Schwein und Ferkel

Ziege und Zicklein

www.ingramcontent.com/pod-product-compliance
Lightning Source LLC
LaVergne TN
LVHW072100060526
838200LV00061B/4778